中共云南省委宣传部
策划

云南省地方志编纂委员会办公室
星球研究所
著

云南教育出版社

目录

一片汇聚万千色彩的土地

一场时空大折叠的创造

特别致谢：
为本书提供影像作品的全体机构和摄影师们！

星球研究所创作团队

策划：撸书猫

撰稿：耿华军

图片：周昫光　余　宽

设计：张　靖　王天怡　陈　随

地图：陈静怡

审校：撸书猫　刘翔宇　楼彦成　窦　婧

解构世间万物　探索极致世界

星球研究所

星球研究所成立于2016年，是一家专业的地理科普传播机构，以地理的视角，解构世间万物，探索极致世界。2018年，星球研究所被人民日报社和中国科学技术协会评为"中国十大科普自媒体"。2019年和2021年分别推出典藏级国民地理书《这里是中国》《这里是中国2》，图书获得"中国好书""文津图书奖""中华优秀科普图书"等荣誉。

| INSIDE YUNNAN | 什么是云南 |

引子

01

云南处在中国西南边陲

因位于"云岭之南"而得名[1]

↓
从万米高空俯瞰云岭山脉，千重山峦，云海缥缈／摄影　孙振涛

1.
"云南"得名由来众说纷纭，但肯定的是，西汉于元封二年（公元前 109 年）在今云南祥云县一带设置了云南县。云岭位于云南西北部，是横断山区的重要山脉。

人们印象中的云南
是"风花雪月"

↓
从洱海远眺大理苍山雪景。大理白族自治州风景名胜众多,以"上关花""下关风""苍山雪""洱海月"闻名于世,大理的"风花雪月"指的是这四种景观 / 摄影 杨继培

是四季如春

↓
大理南涧樱花谷冬天盛开的樱花。由于特殊的地形和气候条件,每年12月前后,间植于茶园的一树树樱花竞相开放／摄影　孙文军

是彩云之南

↓
大理洱海的小普陀岛上空飘来一朵荚状高积云(俗称"豆荚云""飞碟云")。小普陀岛位于洱海东部,当地渔民在岛上建观音阁以祈求平安。当烟雨朦胧或湖面起雾之时,湖中小岛宛如仙山楼阁 / 摄影　杨继培

当我们从太空俯瞰

"风花雪月"却难觅踪迹

这片39.4万平方千米的土地已被洪荒之力接管

大地扭曲，形如褶皱

更有一条巨大的"鸿沟"[1]

似乎要将云南崩裂为东、西两半

云南地形图

1.
云南地貌大致可以元江谷地为界，分为东、西两大地貌单元，西部为山地，东部是高原，下页图上的"鸿沟"实际为哀牢山东侧的元江谷地。

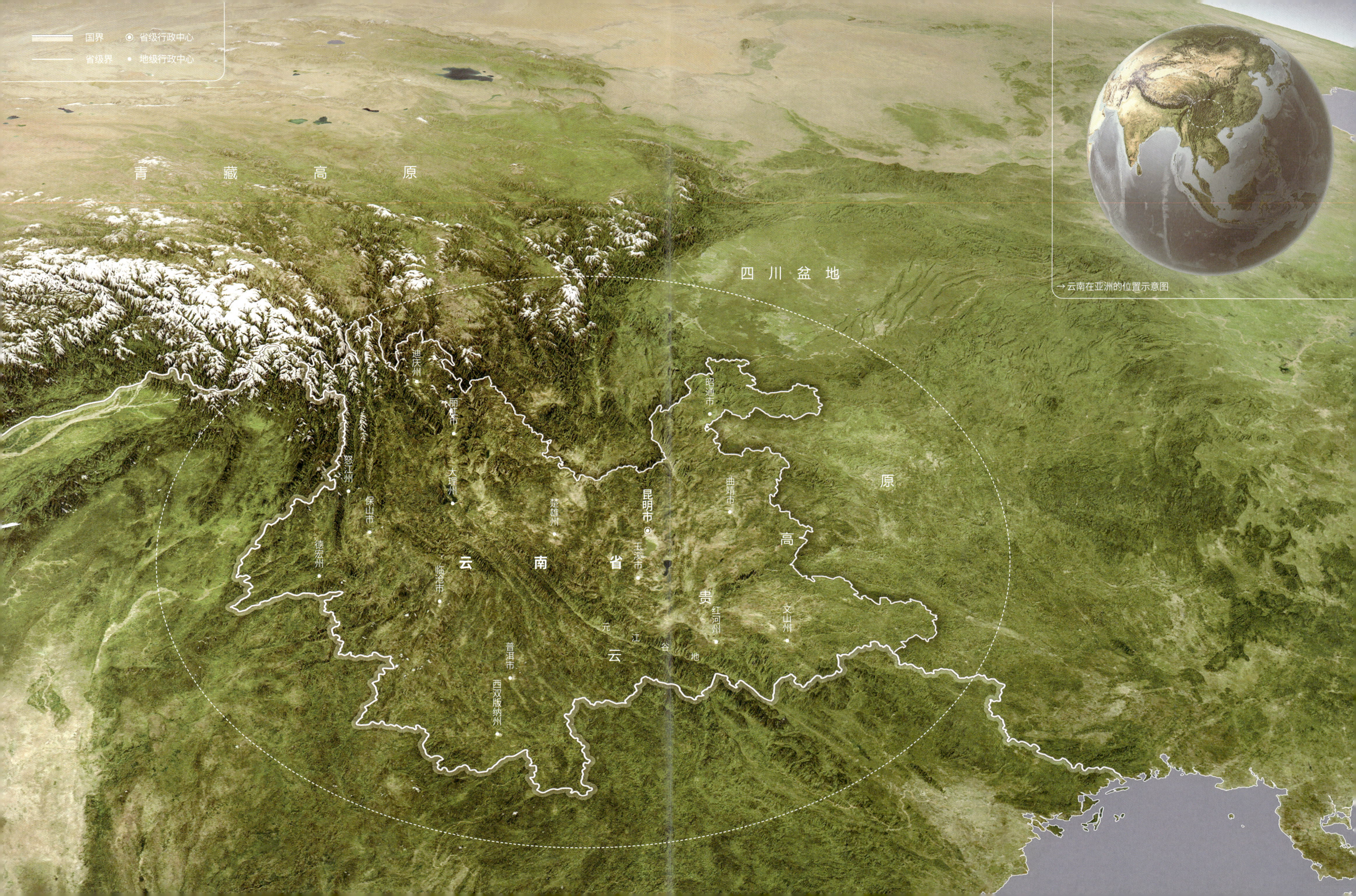

→云南在亚洲的位置示意图

如此复杂的地貌[1]

即使放眼全国，也是相当出众

"风花雪月"不过是云南的沧海一粟

真正的云南

是中国最复杂、最多彩的省份之一

是永不回应的高冷雪峰

↓
巴拉格宗雪山和远处的梅里雪山。梅里雪山位于迪庆藏族自治州西北部的德钦县，属于怒山的北段，呈南北走向。山的南段有 10 多座海拔 6000 米以上的高峰 / 摄影　李政霖

1. 云南省以山地、高原地貌为主，在全省土地总面积中，山地约占 84%，高原、丘陵约占 10%，盆地、河谷约占 6%。

也是孕育生命的热带雨林

↓
晨雾中的雨林。图片拍摄于西双版纳傣族自治州的勐腊自然保护区，该保护区为西双版纳国家级自然保护区的子保护区／摄影　薛云

是奔流直下的大江大河

↓
流经昭通市巧家县蒙姑镇的金沙江。河谷在大地上蜿蜒，云南和四川两省隔江相望／摄影　柴峻峰

也是静谧旖旎的高原湖泊

↓
碧波荡漾的抚仙湖。抚仙湖位于玉溪市的澄江市、江川区、华宁县之间，是云南最深的湖泊，最深达 155 米 / 摄影　卢文

还是中华民族 56 个成员中

26 个民族的世居家园 [1]

它的多样远超你的想象

这一切

都源于一场时空大折叠

←1

景迈山景迈大寨。景迈大寨位于普洱市澜沧拉祜族自治县,这里处在世界文化遗产"普洱景迈山古茶林文化景观"内,村寨被森林与茶园环绕,千百年来不同民族在这里共生,形成林茶、人地和谐的独特文化景观 / 摄影　张钊海

←2

云雾中的雨崩村。雨崩村是位于云南迪庆藏族自治州德钦县云岭乡的藏族村寨,四面群山环绕,地理环境独特,如同人间仙境 / 摄影　王祖凯

←3

怒江峡谷中的独龙江村落 / 摄影　柴峻峰

↓1

昭通市药山之巅。药山主峰轿顶山海拔4041.6米,为滇东北第一高峰,复杂的地貌让这片土地更加多彩 / 摄影　柴峻峰

1.

云南是我国民族种类最多的省份,除汉族以外,人口在6000人以上的世居少数民族有彝族、哈尼族、白族、傣族、壮族、苗族、回族、傈僳族等25个。其中(按人口数多少为序),哈尼族、白族、傣族、傈僳族、拉祜族、佤族、纳西族、景颇族、布朗族、普米族、阿昌族、怒族、基诺族、德昂族、独龙族共15个民族为云南所特有,人口数均占全国该民族总人口的80%以上。

空间折叠

02

首先是空间的折叠

早期的云南更像是一个"平面"

低矮的陆地、凹陷的湖盆构成了它的主体

但是从 6500 万年前

印度洋板块与欧亚板块猛烈碰撞

青藏高原及其东部的云贵高原大幅抬升

云南的"立体化"开始了

↓
云南褶皱地貌形成示意图

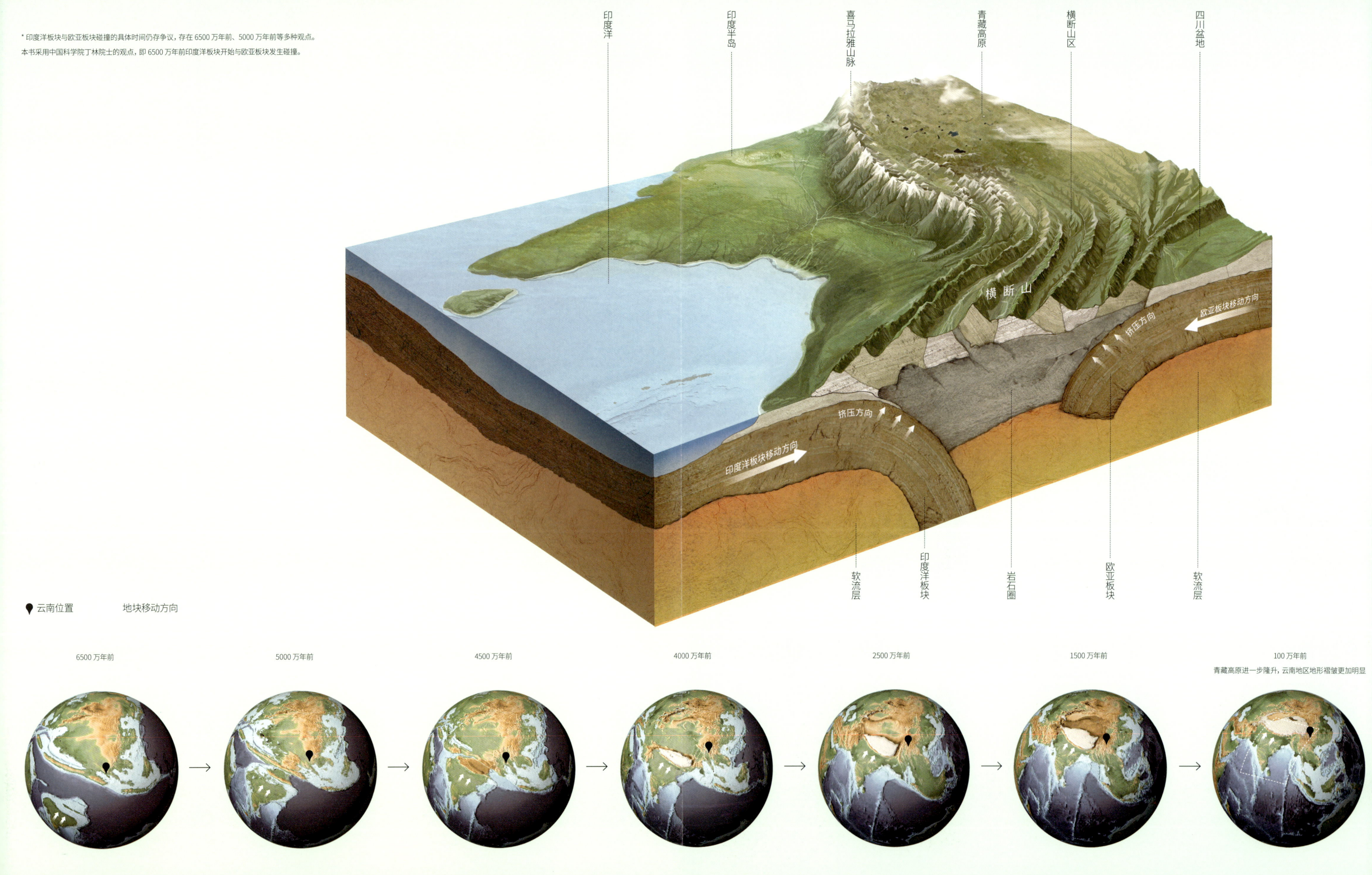

云南的西侧

被挤压的大地接连隆起、断裂

"折叠"出一众山脉

山脉自西北向东南逐步散开

如同一条百褶裙的裙摆

这便是云南的横断山区 [1]

↓

云南横断山区示意图

→

梅里雪山航拍／摄影　刘彦斌

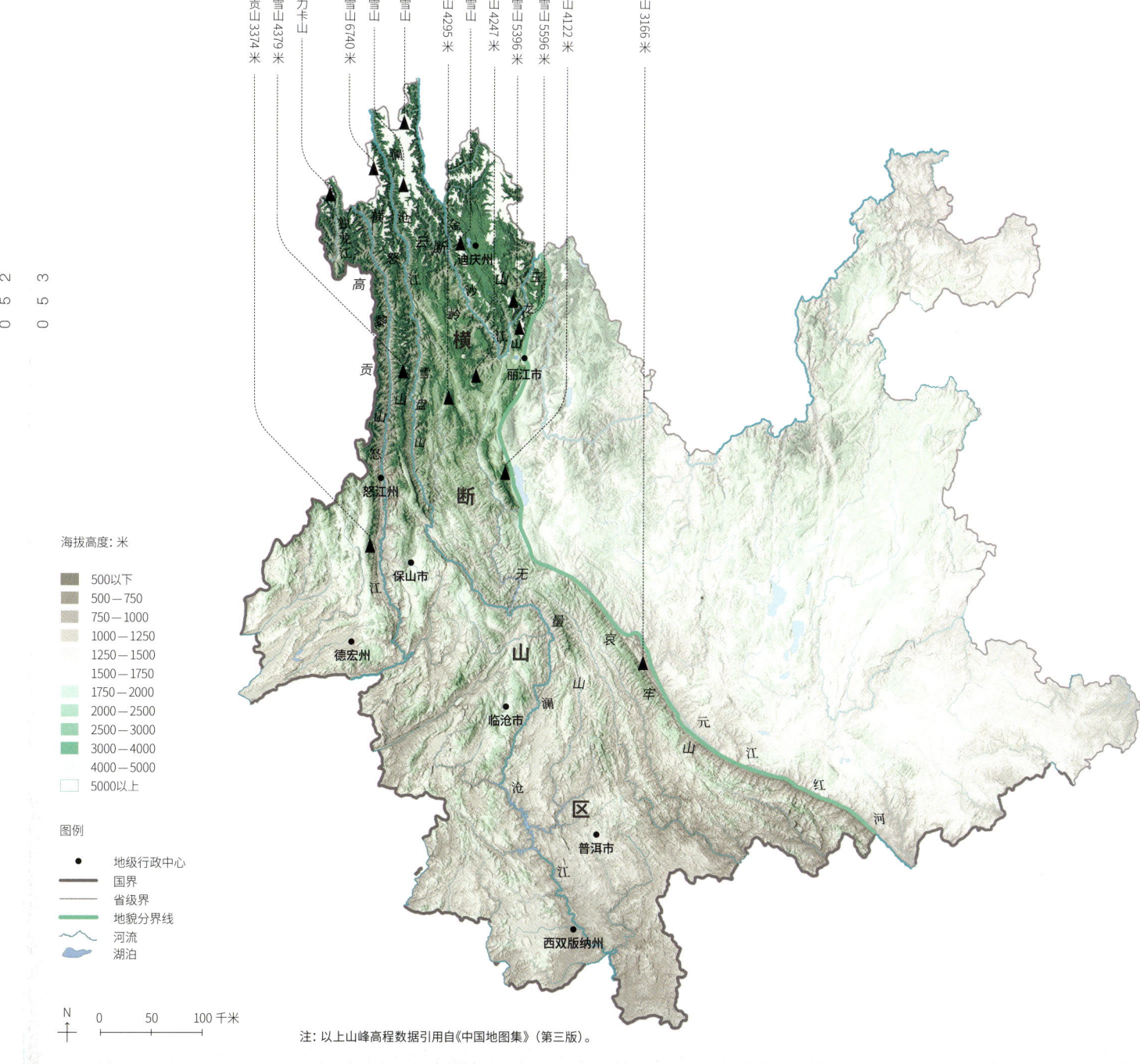

1.
此处为广义范围的横断山区。这一带高山峡谷相间，地形地貌复杂多样。相对高差大，是世界上海拔高差最大的地区之一。封闭的地形和立体的气候，使这里孕育出多样的生物和社会文化。

注：以上山峰高程数据引用自《中国地图集》（第三版）。

百褶裙中雪峰林立

急剧隆起 118 座海拔 5000 米以上的雪山

梅里雪山、碧罗雪山

白马雪山、哈巴雪山

玉龙雪山等都是这次"立体化"的结果

↓1
日出时分,万丈霞光将梅里雪山染成耀眼的金色,形成壮丽的"日照金山"景观 / 摄影 陈洁

↓2
云层之上的梅里雪山。梅里雪山有 13 座山峰,被称为"太子十三峰",包括缅茨姆峰、吉娃仁安、乌格冬、卡瓦格博等 / 摄影 梅翰林

其中，梅里雪山的主峰卡瓦格博峰

海拔 6740 米

为云南省最高峰

在藏语里

"卡瓦格博"指白色雪山

它像一座巨大的金字塔

终年冰雪覆盖

不可征服

↓
卡瓦格博峰位于迪庆藏族自治州西北部的德钦县。2001年，德钦县人大常委会正式立法，卡瓦格博峰将永远不允许被攀登 / 摄影　奎涛

海拔 5596 米的玉龙雪山

是纳西族的神山

玉龙十三峰犹如一条巨龙

自南北向排列

主峰扇子陡常年积雪

发育出我国位置最靠南的冰川 [1]

↓
玉龙雪山自北向南延展，犹如一条巨龙横卧在丽江市的西北部，守护着山脚下的纳西族／摄影　温钧浩

1.
玉龙雪山拥有欧亚大陆距赤道最近的海洋型冰川，冰川的形成主要受来自印度洋的西南季风气候控制。

这些雪峰逶迤向南

海拔逐渐降低

素负盛名的苍山便横空出世

其主峰马龙峰海拔 4122 米

山顶多有积雪

正是"风花雪月"的来源之一

↓
苍山又名点苍山，因山色苍翠而山顶积雪终年不化，故名"点苍"。山上有 19 座主要山峰，山峰间的山谷中流出 18 条溪流，这就是著名的苍山十九峰和十八溪／摄影　段建民

↓
从点苍山远眺洱海。点苍山位于洱海之西，点苍山的巍峨，洱海的秀丽，共同绘就了大理的山水画卷／摄影　杨继培

再往南

平均海拔 2000 余米的哀牢山[1]

耸立于地表

来自太平洋的东南季风

与来自印度洋的西南季风在此交汇

形成一派云海蒸腾、湿润多雨的景观

↓

哀牢山北起大理白族自治州南部，南抵红河哈尼族彝族自治州南部，绵延数百千米。来自太平洋和印度洋的水汽在此交汇，常形成壮观的云海，为这里带来丰沛的降水 / 摄影　邓喜平

1.
哀牢山受西南季风影响，东、西两侧气候各异，哀牢山西侧处在迎风面，因而降水多于东部，蕴藏着丰富的物种资源。

↓ 云南云贵高原范围示意图

横断山区之外

云南的东部

也在"空间折叠"中隆起

丘陵起伏，盆地相间

成为云贵高原的一部分 [1]

高原上

或是巨厚的碳酸盐岩出露

形成滇东喀斯特高原

成为世界上喀斯特地貌的典型地区之一

↓ 天坑是喀斯特地貌的典型景观之一。位于昭通市镇雄县五德镇的天坑群，是迄今在云南发现的最大天坑群 / 摄影　柴峻峰

1. 云南的云贵高原区也被称作滇东高原区，平均海拔在 2000 米左右，地势起伏和缓，多有山间盆地分布，分布着云南省 2/3 的坝子，岩溶地貌较多。

或是富含铁铝矿物的红色土壤

广泛分布

形成滇中红色高原

↓
东川红土地位于昆明市东川区。这里的土壤富含铁元素，经氧化会呈现出炫目的红色。在云南，红壤、赤红壤、砖红壤约占全省土壤总面积的 50% / 摄影　滕洪亮

→
东川红土地梯田，如同层叠的调色盘。从空中俯瞰，五彩斑斓，人们在这里播种、收获 / 摄影　范峻川

地势相对低平之处

则是上千个面积大于 1 平方千米的坝子[1]

坝上地势平坦

土壤肥沃，灌溉便利

适合繁衍生息

↓

昆明的坝子，坝子中五彩斑斓，村落和田地分布其间 / 摄影　陈肖

1.
在云南，周围较高、内部相对低平的小型盆地、河谷等被称为坝子。据统计，云南面积大于、等于 1 平方千米的坝子数量为 1868 个。坝上地势平坦，利于生产，是云南重要的农耕区和人口集中区域。

地壳沉降之处积水成湖

形成高原湖泊群

包括滇池、泸沽湖、抚仙湖、洱海等

湖泊四周群山环抱

城镇因湖而起

↓
蔚蓝的泸沽湖。图中小岛是里务比岛，岛上的里务比寺是一座藏传佛教寺庙，始建于 1634 年 / 摄影　刘珠明

↓
泛舟泸沽湖。泸沽湖位于云南省宁蒗彝族自治县与四川省盐源县的交界处,为高原断层溶蚀陷落湖泊,最深超过 90 米,是云南第二深的湖泊 / 摄影　孙文军

而整体上

云南地势更是"立体化"为一个巨型阶梯[1]

阶梯从北向南逐渐降低

从阶梯的最高点海拔 6740 米的卡瓦格博峰

到阶梯的最低点海拔 76.4 米的

元江与南溪河交汇处

南北距离短短 960 千米

海拔却直降 6663.6 米

在如此短促的范围内

地势落差却如此悬殊

↓
云南地势剖面图

1.
云南全省地势西北高、东南低,自西北向东南逐渐下降,大致分为四级阶梯。

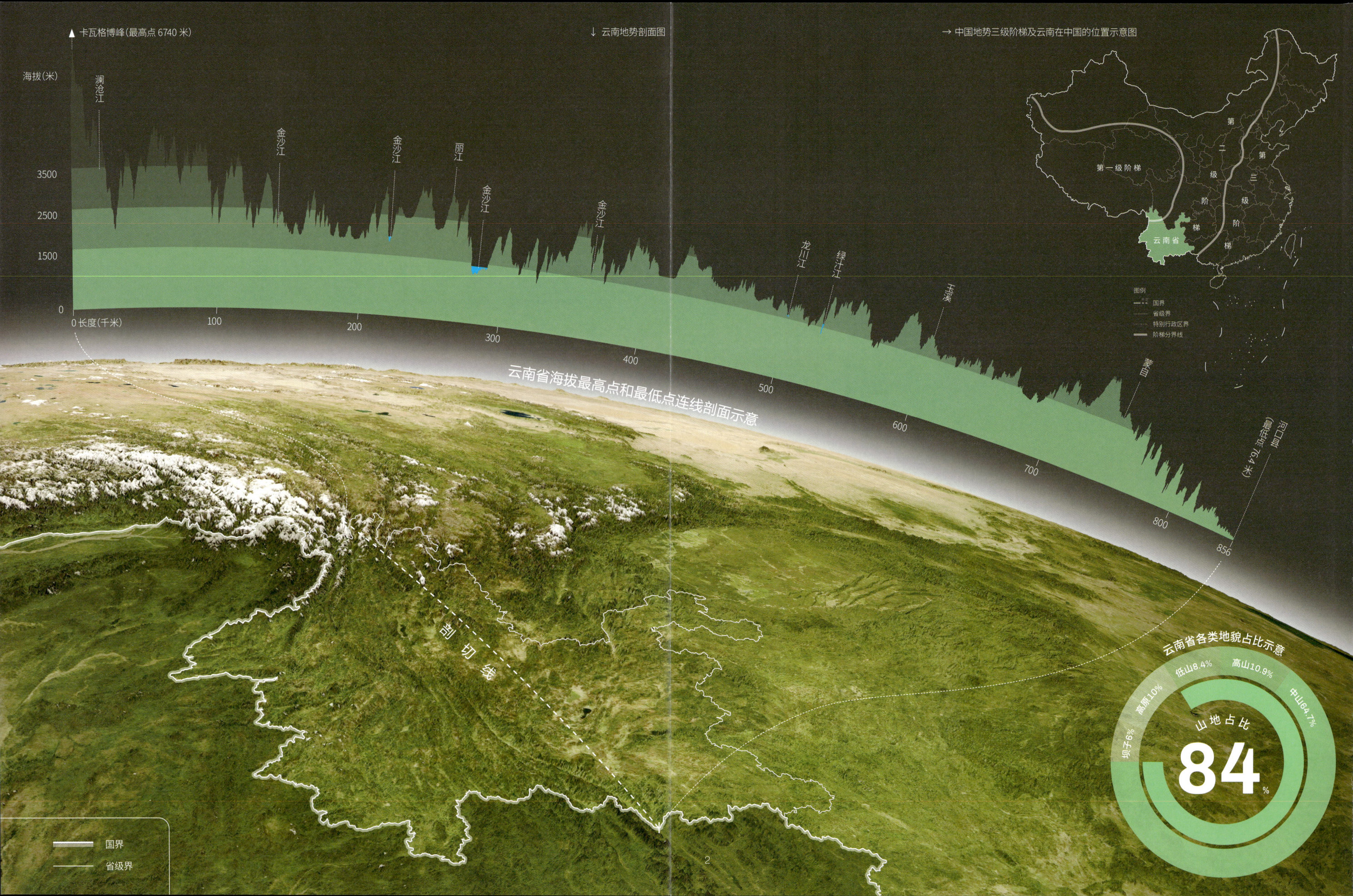

如此巨大的高差

大大增加了流水的势能

上游来水、降水以及地下水

沿着巨型阶梯逐级而下

强力侵蚀大地

形成一个个梯级景观

再次加剧了云南的"立体化"进程

↓
玉龙雪山和蓝月谷。蓝月谷位于玉龙雪山脚下,谷内自上而下阶梯状分布着一个个湖泊,形成长条状湖泊群 / 摄影　孙文军

在香格里拉

泉水逐级跌落

水中的钙质不断堆积

形成了著名的泉华台地——白水台

↓
白水台位于哈巴雪山山麓，由于流水中的碳酸盐不断沉积，形成了如同梯田的天然景观／摄影　罗铭

在罗平

小水流汇聚成大型瀑布

在仅 4000 米长的河道上

以最高 1000 立方米每秒的流量向下倾泻

层层叠叠，蔚为大观

这便是九龙瀑布 [1]

↓

九龙瀑布在九龙河上跌落，溅起的水滴在空中"画"出一道美丽的彩虹，其最大落差可达 56 米／摄影　咏洲

1.
九龙瀑布位于曲靖市罗平县境内，因位于九龙河而得名，是一处宽窄不一、呈阶梯状分布的瀑布群。

↑
在油菜花绽放的时节，九龙瀑布逐级跌落，景色迷人 / 摄影　咏洲

除了九龙瀑布

云南还有大小瀑布 500 多个

例如落差近 300 米的滴水河瀑布[1]

以钙华滩著称的多依河瀑布群

以及有"珠江第一瀑"之称的大叠水瀑布

↓
星空下的大叠水瀑布。大叠水瀑布位于石林彝族自治县县城西南的巴江上，水流跌落，坠入深潭，形成白练下垂的景观 / 摄影　俞乐

1.
滴水河瀑布位于怒江傈僳族自治州泸水市的滴水河村。瀑布由左右两支组成，起点处海拔 2300 米，左右两支交汇处海拔为 2000 米，是云南省落差最大的瀑布。

当万千水流汇聚成大江大河 [1]

独龙江、怒江、澜沧江

金沙江、元江、南盘江

六大江河奔流而下

其势能已经无可阻挡

↓
蜿蜒在云岭大地上的金沙江。图中金沙江从玉龙雪山和哈巴雪山之间贯穿而过，深切出一道河谷／摄影　刘彦斌

1.
云南江河纵横，水系十分复杂。全省大小河流共 600 多条，其中较大的有 180 条，分为六大水系，由于地势的原因多由北向南流，多数为入海河流的上游。

云南主要水系分布示意图

江河在群山之间

劈削出中国壮观的高山峡谷群

包括虎跳峡、牛栏江大峡谷

澜沧江大峡谷、怒江大峡谷、独龙江峡谷等

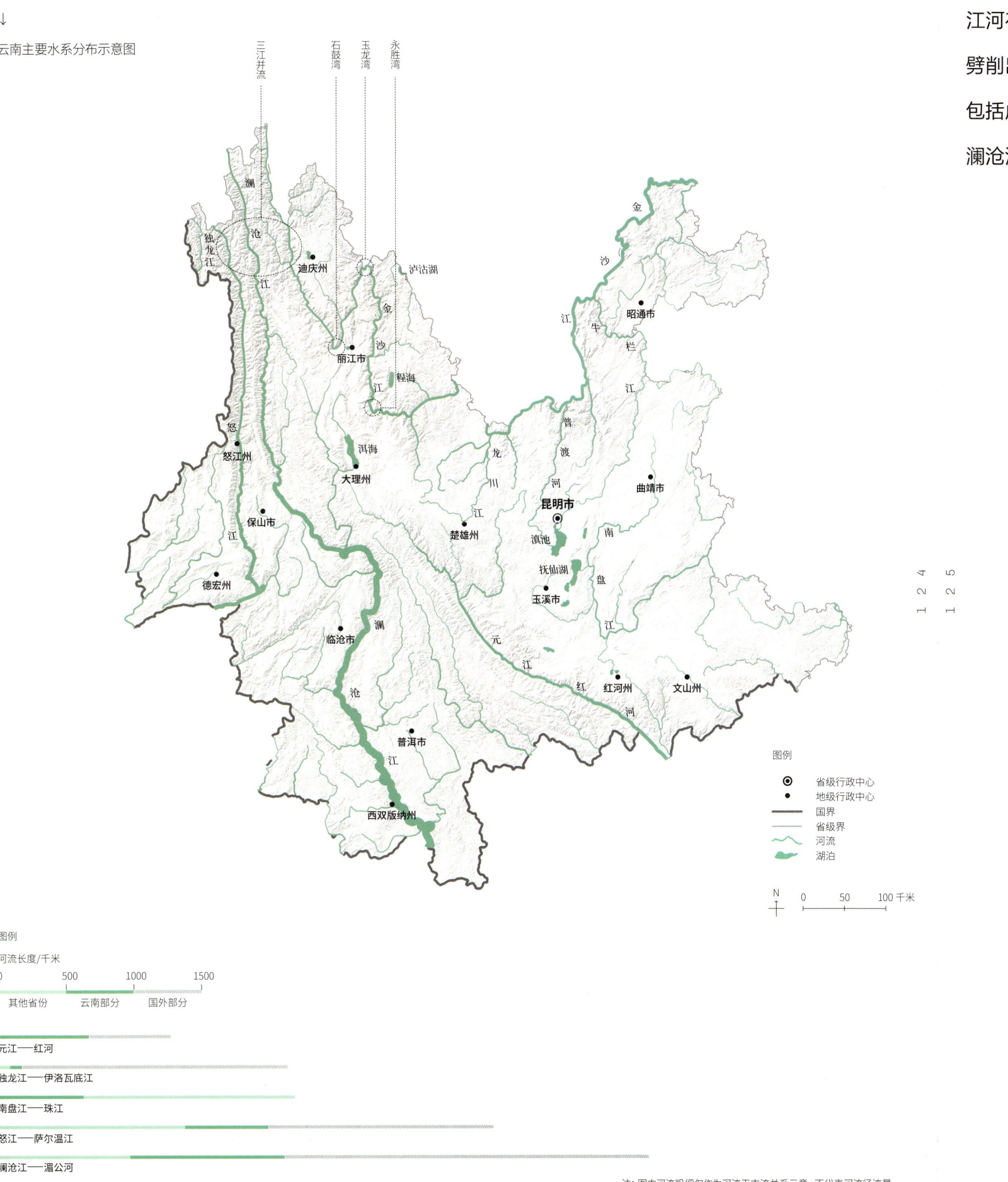

迪庆藏族自治州维西傈僳族自治县白济汛乡段的澜沧江。从高山往下俯瞰，江流如大地之脉，在群山之间蜿蜒／摄影　董继荣

图例

河流长度／千米

其他省份　云南部分　国外部分

元江——红河

独龙江——伊洛瓦底江

南盘江——珠江

怒江——萨尔温江

澜沧江——湄公河

注：图中河流粗细仅作为河流干支流关系示意，不代表河流径流量。

昭通市盐津县豆沙关处的关河峡谷。关河是盐津县的一条重要河流，深切的河谷将盐津县的群山分为河东、河西两大山脉 / 摄影 柴峻峰

以及金沙江奔子栏大拐弯、万里长江第一湾
怒江第一湾、澜沧江大拐弯等各种大拐弯

↓
金沙江流经迪庆藏族自治州德钦县奔子栏镇时，受到地形阻挡，形成罕见的"U"形大弯／摄影　吴俞晨

其中

金沙江、怒江、澜沧江三江

原本在云南境内并行南流

但在丽江市石鼓镇

金沙江突然以"V"形转弯向东北流去

成为孕育中华文明的母亲河

堪称万里长江第一湾

↓

金沙江流经丽江市石鼓镇时，受到山体的阻挡，流向由东南转向东北，形成罕见的"V"形大弯，被称为万里长江第一湾 / 摄影 崔永江

仅仅约 30 千米后
金沙江又在玉龙雪山和哈巴雪山之间
以 10 米每秒的速度咆哮而过
下切形成虎跳峡
从峰顶到谷底相对高差达数千米
惊心动魄

↓1
虎跳峡从玉龙雪山与哈巴雪山之间穿流而过,在长约 16 千米的峡谷里,海拔落差达 220 米。这一带地质构造运动强烈,两岸山体裸露,岩石常崩塌滚落江中 / 摄影　高赟

↓2
虎跳峡江心屹立着一块巨石,如中流砥柱,使江水湍急凶险。传说老虎以此石为跳板,一跃过江,故有虎跳峡之名 / 摄影　卢文

而较小尺度的立体化塑造同样精彩

在喀斯特高原上

曾经相对平整的大地被降水溶蚀成"千刀万仞"

是为石林

↓
石林是岩溶地貌的典型景观之一，在流水的作用下，曾经相对平整的大地变得"刀锋林立"／摄影　罗瑞绅

↓
银河之下的昆明乃古石林，千万年的宇宙洪荒，才有今天这般鬼斧神工的地质奇观／摄影　朱昊

又或成为一个个"小山包"

是为峰林、峰丛 [1]

↓

丘北县普者黑,密集的峰林、峰丛和一连串的岩溶湖群,构成秀美的风光,仿佛传说中的山水田园美景 / 摄影 潘泉

1.
在极厚的可溶性岩石区域,水流切割出连绵不绝的群山。山与山之间的基座相连被称为峰丛。当峰丛进一步溶蚀,基座被切开,山与山之间就变得相对独立,则为峰林。

文山壮族苗族自治州广南县八宝镇，人们在峰林、峰丛间开垦田地，建立村落／摄影　卢文

地下则被"掏空"

是为溶洞

↓
文山州壮族苗族自治州广南县坝美村溶洞。坝美村四面环山，喀斯特地貌广布。曾经，这里的村民需撑小船从此溶洞进入村寨，村寨宛若陶渊明笔下的世外桃源／摄影　刘珠明

→
昭通市镇雄县五德镇天坑群中的溶洞，当地人称之为"燕子洞"。它长1700多米，洞内景观以奇、险为特征，通过地下河与其他溶洞相连，形成一个巨大的地下洞穴系统／摄影　柴峻峰

而远古河湖干涸后的地表

则被降水冲刷成高大的土柱

是为土林 [1]

↓

彩虹下的浪巴铺土林／摄影　于海童

1.
土林是一种流水侵蚀形成的特殊地貌形态。在云南，土林广布于楚雄彝族自治州元谋县，其中，物茂土林、班果土林、浪巴铺土林最为典型。

从整体到局部

从宏观到微观

整个云南已经彻底"立体化"

但事情并没有结束

时间的折叠也已经开启

↓
云雾弥漫的独龙江河谷。独龙江深藏在高黎贡山深处,这里植被茂盛、森林静谧,众多珍稀、独特的动植物栖息于此 / 摄影 罗瑞绅

时间折叠

宏观上

北高南低的巨型阶梯

造就了云南气候类型的多样

在南北 900 余千米的范围内

出现了 7 个气候带（区）

相当于从海南岛到黑龙江的气候变化

一域之内，气象万千[1]

03

↓1
大围山热带雨林景观。大围山国家级自然保护区地跨自治州屏边、河口、蒙自、个旧 4 个县(市)，保护区内整的山地森林系统 / 摄影　何俊云

→2
秋天的南极洛。南极洛也称南姐洛，位于迪庆藏族自自治县，属于高寒山区，以高山湖泊景观著称 / 摄影

1.
云南地处低纬度高原，地形地貌复杂，气候类型多样，自南向北分布着北热带、南亚热带、中亚热带、北亚热带、南温带、中温带和高寒山区 7 个温度带的气候类型。

而在局部

高山呈现出了明显的气候垂直地带性

云南从南到北的气候变化

更是被压缩在仅数千米的高度范围内

一山上下，四季共存

↓

从山麓到山顶，哈巴雪山呈现出鲜明的景观变化。哈巴雪山位于云南西北部的香格里拉市，因海拔高低差异，形成鲜明的山地垂直地带性气候，孕育出垂直分布的生态系统／摄影　梅翰林

如此紧凑的范围

拥有如此丰富的气候类型

为生灵的繁衍提供了更多可能性

当冰期来临

其他地方的动植物大量灭绝

云南的生灵却可以

通过短距离的垂直迁移或水平迁移找到"避难所"

滇桐、华盖木[1]等许多古老的孑（jié）遗物种

得以在云南延续

↓

高大的桫椤是唯一能够长成"树"的蕨类植物，曾与恐龙生活在同一时代。云南复杂的地理环境，为这一"活化石"在亿万年的变迁中提供了"避难所" / 摄影　范毅

1.
华盖木在地球上生存已经超过了千万年，目前仅存于中国云南和缅甸，云南野生华盖木仅存50多株。

而折叠的地形

又将云南分割成

一个个相对封闭、独立的小型生态区

生灵在其中分别演化

新的物种不断产生

↓ 1
拍摄于高黎贡山的粉红灵芝，硫磺菌的一种 / 摄影　艾怀森

↓ 2、3
拍摄于雨崩村周边的蘑菇。雨崩一带因充沛的降水等条件，植被茂盛，在森林中常可见到各类菌菇。不过，野外菌菇虽好看，但很可能是有毒品种，严禁食用 / 摄影　李文斐

↓ 4
缅甸树蛙，为我国珍稀两栖动物，在我国主要分布在云南和西藏等地，图片拍摄于高黎贡山 / 摄影　范毅

↓ 5
翡翠龙蜥，拍摄于德钦县的尼农村。翡翠龙蜥为我国特有的爬行动物，仅分布在云南迪庆藏族自治州。其身长不超过 30 厘米，是一种小型蜥蜴 / 摄影　李勇

↓ 6
白唇树蜥，俗名箭鬃马，被称为"中国最漂亮的蜥蜴"，国内仅分布于云南。因其唇部被一条白色的条纹包裹而得名。在不同环境下，白唇树蜥还能变色 / 摄影　范毅

↓ 7
怒江攀蜥，又名贡山攀蜥，2017 年发现于云南横断山脉怒江大峡谷地区，属于两栖爬行动物家族里的新成员 / 摄影　彭建生

→ 8
拍摄于西双版纳傣族自治州的兰花螳螂。它是螳螂目昆虫中最抢眼的成员，善于伪装，可以在兰花中拟态而不被猎物察觉 / 摄影　陆建树

→ 9
冬青大蚕蛾，属于巨型飞蛾，长着两对大翅膀，翅展甚至可达 280 毫米，通体色泽绚丽。主要分布在云南、西藏等地 / 摄影　范毅

一古一新之间

时间被折叠了

生灵穿越古今在云南交汇

生物多样性因此大大丰富

达到全国之最

云南成了中国的"植物王国"

有高等植物1.9万多种

占全国一半以上

↓

全球生物多样性热点地区

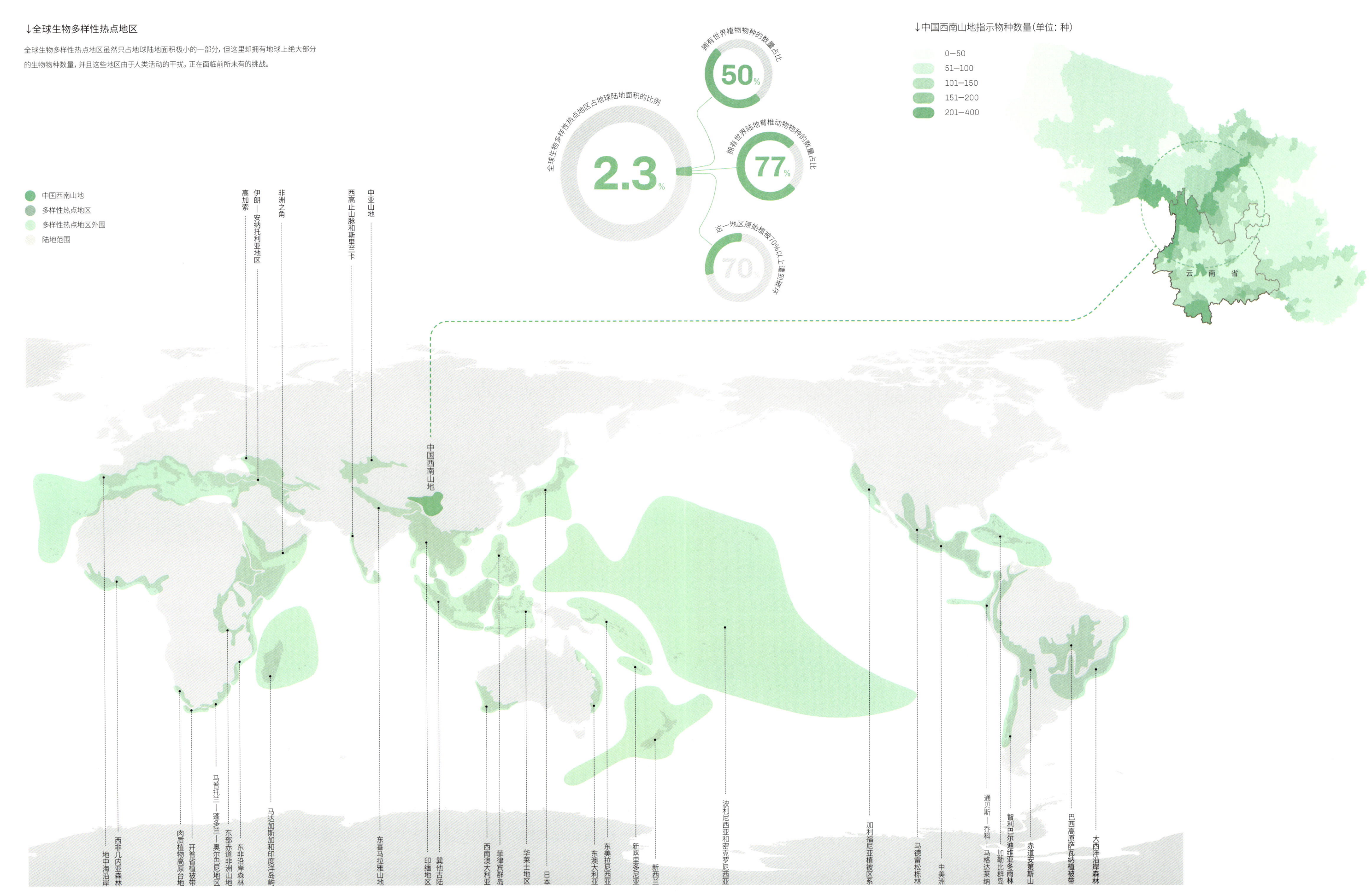

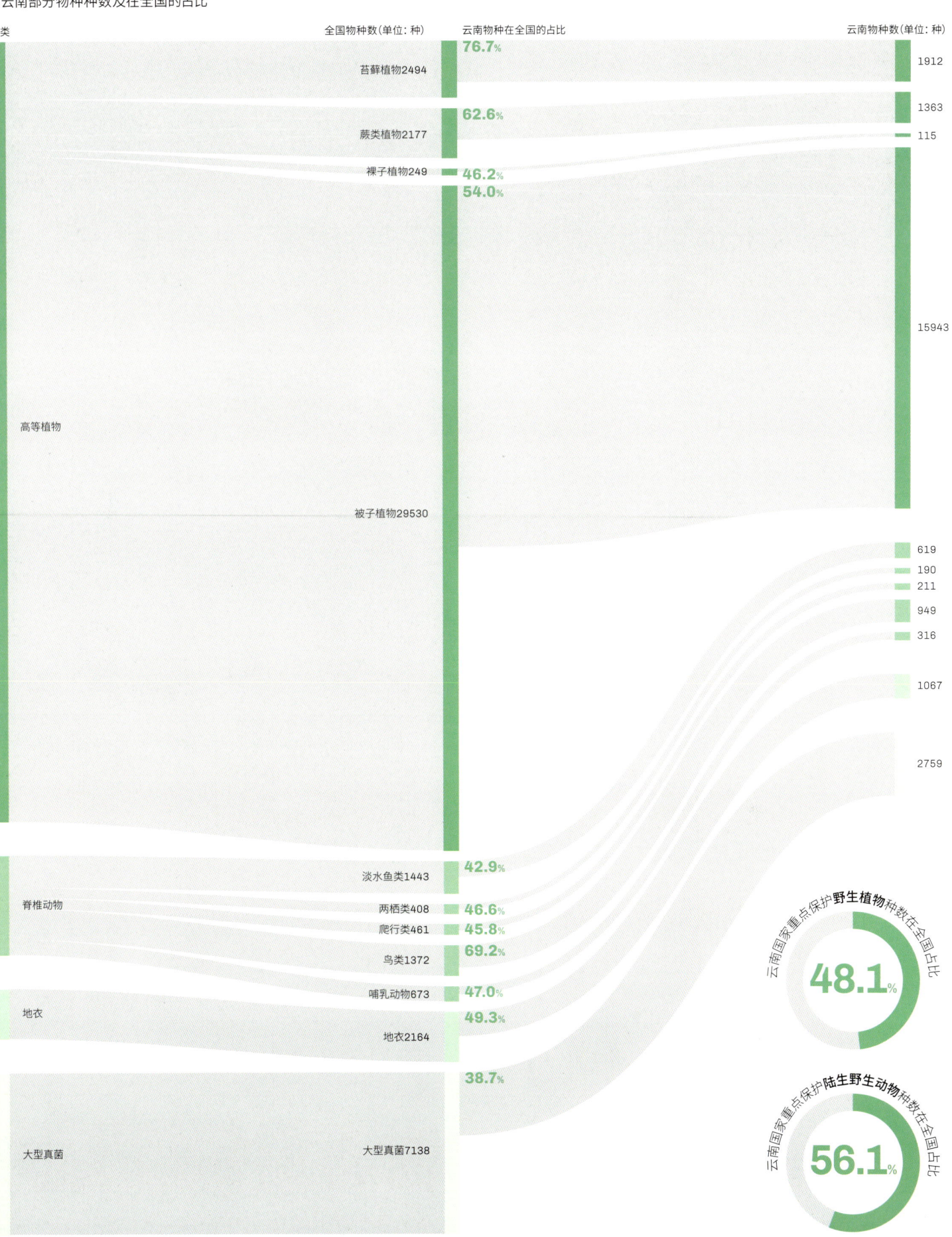

↓云南部分物种种数及在全国的占比

在西双版纳傣族自治州

德宏傣族景颇族自治州铜壁关自然保护区

红河哈尼族彝族自治州大围山国家级自然保护区

……

高温多雨的气候造就了一片片热带雨林

↓

西双版纳热带雨林景观。早在 1958 年，西双版纳傣族自治州便建成西双版纳国家级自然保护区，主要保护对象是热带雨林及珍稀动植物，以"动植物王国"闻名中外 / 摄影　薛云

↑ 中科院西双版纳热带植物园里的大板根。热带雨林里树木高大而土层浅薄，一些高大乔木为更有力地抓住地面、支撑高大树干，通常在树干的基部延伸出翼状结构，形如板墙，被称为板根 / 摄影　杨剑

↓ 西双版纳热带雨林中的望天树。望天树属于国家一级保护植物，在我国主要分布在云南和广西地区，成年望天树的平均高度可达 60 米，最高可达 80 米以上，堪称热带雨林中的"巨人" / 摄影　何俊云

雨林中

望天树最高可以生长到 80 多米的高度

枝叶聚生在树干顶端形成巨大的树冠

有如森林上空撑起的一把把绿伞

堪称中国最高的树种

↓

拍摄于西双版纳傣族自治州勐腊县的望天树群落。望天树是热带雨林的重要指示性物种,只要可以发现望天树,就能确定这个区域是热带雨林地区 / 摄影 薛云

榕树也恣意生长

根生干，干生根

最大一株榕树的树冠

占地超过 5000 平方米

真正诠释了"独木成林"

↓

瑞丽市雨热充足，榕树恣意生长，伸出许多的气生根，让独木亦能成"林"。榕树的气生根从树枝上长出，起到吸收水分和帮助支撑树干的作用。气生根下垂到地面，便会钻进土壤，逐渐生长为如树干般的支柱，树干由此扩展为一片小树林 / 摄影　姚朝辉

在临沧市的沧源佤族自治县

素有"谦谦君子"美誉的竹子

也变得"膀大腰圆"

最粗可达 36 厘米

是竹类中最粗的一种

被称为巨龙竹[1]

在哀牢山、高黎贡山

常绿阔叶林遍布山体

石栎属、青冈属、栲属

木荷属、润楠属、木莲属

各种树木树冠稠密

浑圆如花菜状

↓
中科院西双版纳热带植物园中的巨龙竹,人与竹形成鲜明对比 / 摄影　中科院西双版纳热带植物园·杨振

↓
高黎贡山森林植被景观。图片拍摄于保山市隆阳区潞江镇百花岭村一带。高黎贡山南北跨了 5 个纬度,分布着从热带、亚热带,到温带、寒带的植被类型 / 摄影　潘泉

1.
巨龙竹又称歪脚龙竹,在种类繁多的竹类资源中,是目前发现的最粗的竹子,也是最高的一种竹子,堪称"竹王"。西双版纳的傣族称巨龙竹为"埋博",意思就是"最大的竹子"。

↓
秃杉分布在中国西南地区、台湾省，在缅甸亦有发现。2021年9月，野性中国团队在高黎贡山拍摄和测量到一根高达72米的秃杉。他们通过SRT单绳技术，用时6个小时，从树根攀爬到树冠，见证了这根巨树上附生的植物。又用近70个小时，合成出这根巨树的"等身照"。这张等身照的拍摄得到中华环境保护基金会和多特瑞（上海）商贸有限公司对于"巨树计划"项目的支持／摄影　野性中国·柯炫晖、王亚灵

在滇中高原

以及滇西北白马雪山、玉龙雪山、苍山

云南松、冷杉、云杉造就了这里成片的针叶林

展眼望去，林海苍茫

高山林线之上

高原冷湿之处则是大面积的高山草甸

草甸与密林中

还拥有野生观赏植物 2500 余种

数量之多居全国之冠

繁花盛开之时

俨然成为我国灿烂的天然花园

←
白马雪山 / 摄影　商睿
↓
白马雪山上的针叶林景观。莽莽林海中，黄白色彩相间 / 摄影　刘珠明

↓1
滇西北点地梅，报春花科植物，图片拍摄于德钦县白马雪山 / 摄影　李勇
↓2
云雾雀儿豆，花瓣呈鲜黄色，每年五六月间绽放，图片拍摄于香格里拉市石卡雪山 / 摄影　李勇
↓3
扭连钱，多生长在高山上强度风化的乱石滩，图片拍摄于香格里拉市东旺乡的大雪山 / 摄影　李勇
↓4
丽江虎耳草，图片拍摄于天宝雪山海拔 4100 米处的峭壁中 / 摄影　李勇
↓5
羽裂雪兔子，我国特有的多年生草本植物，常被不法分子以"雪莲"之名滥采销售，图片拍摄于德钦县白马雪山 / 摄影　李勇
↓6
十字花科宽果丛菔，图片拍摄于德钦县白马雪山 / 摄影　李勇
↓7
绢毛苣，隶属被子植物，其叶子的颜色与流石滩很接近，而黄色花朵与周围环境形成鲜明对比，图片拍摄于德钦县白马雪山 / 摄影　李勇
↓8
塔黄，为单次结实的多年生草本植物。一生只开一次花，高可至 1—2 米，图片拍摄于香格里拉市格咱乡 / 摄影　李勇
→
绵头雪兔子，因一身蓬松的雪白绒毛，仿若小兔，由此得名，图片拍摄于德钦县白马雪山 / 摄影　李勇

另一方面

云南还是我国的"动物王国"

兽类、鸟类、鱼类都占到我国种数的 50% 左右

↓
高黎贡羚牛，国家一级保护动物，在我国主要分布在青藏高原东南缘的山地，在云南主要分布在怒江以北的高黎贡山、独龙江流域。羚牛长相奇特，体型介于牛和羊之间／摄影 彭建生

→
矮岩羊，中国特有种，仅分布在横断山区金沙江上游云南迪庆奔子栏到四川甘孜巴塘县之间极狭窄的干热河谷。其体型与岩羊相似，但要矮小约一半。常集群活动，可以生活在海拔低至 2000 米左右的干热河谷，以草本植物为食／摄影 彭建生

↑

绯胸鹦鹉，国家二级保护动物，全身大部分羽毛为绿色。图片拍摄于德宏傣族景颇族自治州盈江县 / 摄影　刘璐

↑

小熊猫，国家二级保护动物，生活在中国西南地区海拔二三千米的丛林中。它和大熊猫虽然名字仅一字之差，但属于食肉目的不同科。大熊猫属于熊科，而小熊猫属于小熊猫科。图片拍摄于香格里拉市 / 摄影　林森

其中

我国的 7 种长臂猿中

有 5 种生活在云南

包括西黑冠长臂猿、白眉长臂猿

白颊长臂猿、白掌长臂猿[1]

以及 2017 年被命名的天行长臂猿

它们以臂行方式栖息于林冠上层

是人类的近亲之一

→1
西黑冠长臂猿，国家一级保护动物，为极度濒危的物种。国内主要分布在云南的无量山和哀牢山地区／摄影　自然影像中国·谢建国

→2
雌性西黑冠长臂猿及幼崽。长臂猿多生活在林冠上层，常以果实为食。长臂猿的毛色会因为年龄、性别而有差异／摄影　唐云

→3
白颊长臂猿，也称北白颊长臂猿，国家一级保护动物，国内曾经主要分布于西双版纳，目前野外几乎很难见到。雄性最大的特征是，除两颊有白色毛发外，通体黑色／摄影　李维梅

1.
根据 2022 年 9 月 6 日颁发的《中国灵长类动物濒危状况评估报告 2022》，在过去的几十年中，在中国分布的白掌长臂猿、白颊长臂猿在野外均没有被监测到，符合野外灭绝的标准。

滇金丝猴 [1]

则生活在海拔 3000 多米的高山针叶林中

是除人类外栖息地海拔最高的灵长类动物

灰黑的毛色帮助它们在高山上吸收热量

烈焰红唇则是它们最醒目的特征

←
天行长臂猿，国家一级保护动物，也是中国科学家命名的唯一一种类人猿，云南是它们在中国的唯一家园 / 摄影　欧阳凯

↓
拍摄于白马雪山国家级自然保护区的一对滇金丝猴。保护区位于迪庆藏族自治州德钦县，这里是我国面积最大的滇金丝猴国家级自然保护区，保护区内的滇金丝猴数量达到 2300 余只，占全国滇金丝猴种群数量的 70% 以上 / 摄影　商睿

→
白马雪山雪中的滇金丝猴，堪称雪中精灵。滇金丝猴也有社群等级行为，以家庭为单位活动。一个家庭通常由 1 只雄性和 2 至 3 只雌性及若干幼仔组成 / 摄影　彭建生

1. 滇金丝猴为中国特有物种，国家一级保护动物，主要分布在云南西北和西藏东南地区。不同于人们熟悉的川金丝猴，滇金丝猴毛色以灰黑、灰白为主。

亚洲象曾经广布中华腹地

历经气候变迁、人类侵扰

如今在中国只有云南的南部地区为它们提供家园

其他物种，如菲氏叶猴、懒猴、犀鸟

都令人赞叹不已

↓1
2020 年至 2021 年，一群在云南北移的亚洲象，成功吸引了全世界的目光。亚洲象为国家一级保护动物。相比非洲象，亚洲象体型偏小，耳朵也较小 / 供图　云南省森林消防总队
→2
蜂猴俗名懒猴，国家一级保护动物。这是一种体型较小的灵长类动物，比家猫略小。国内仅在云南、广西的热带雨林中有分布 / 摄影　樊鑫
→3
拍摄于高黎贡山的纹喉凤鹛。它堪称林木间的小精灵，突起的羽冠是其鲜明特征 / 摄影　刘璐
→4
菲氏叶猴，又名灰叶猴，国家一级保护动物，常年生活在海拔 2700 米以下的常绿阔叶林中，国内仅分布于云南南部的山地丛林之中。图片拍摄于普洱市的景东彝族自治县 / 摄影　徐永春
→5
双角犀鸟因它的大嘴及嘴上的凸起而得名，是一种珍贵而漂亮的大型鸟类，嘴的长度占了身长的 1/3，国内仅分布于云南南部地区，为国家二级保护动物 / 摄影　孙晓宏

孔雀是云南的名片

也是云南的"形象代言人"

而绿孔雀更是云南所独有

↓

绿孔雀是孔雀属的两种孔雀之一，更是中国唯一的本土原生孔雀。因其胸前羽毛为绿色，故名绿孔雀。目前仅分布在云南双柏县，属于极度濒危物种，被列为国家一级保护动物／摄影　野性中国·奚志农

从热带到寒带

从古到新

云南把如此多样的生灵集中在一域之内

这就是"时空大折叠"的神奇

那么生活在其中的人类

又会如何呢

↑
展翅飞翔的绿孔雀,拍摄于双柏县的绿汁江流域 / 摄影　怀彪云

↓

马缨杜鹃下的景颇族女孩,拍摄于德宏傣族景颇族自治州盈江县勐弄乡。德宏州地处祖国西南边陲,民族风情独特,是全国景颇族、德昂族和阿昌族的主要聚居地 / 摄影　杨清舜

云南人

折叠的云南

很早就是人类迁徙的走廊

当人们进入这片土地

就会被它的半封闭的地形所隔离

不断分化出新的族群

云南就像是一个"民族孕育所"

04

↓

云南是多民族省份，少数民族人口约占云南总人口的33%。中国55个已识别的少数民族在云南均有分布，其中15个民族的80%以上人口生活在云南省，称为云南特有少数民族。在云南少数民族中，人口在百万以上的少数民族有6个，其中彝族人口最多，约507万，占少数民族人口的30%以上。在空间分布上，云南少数民族分布呈现出内地疏、边疆密，北部疏、南部密等特点

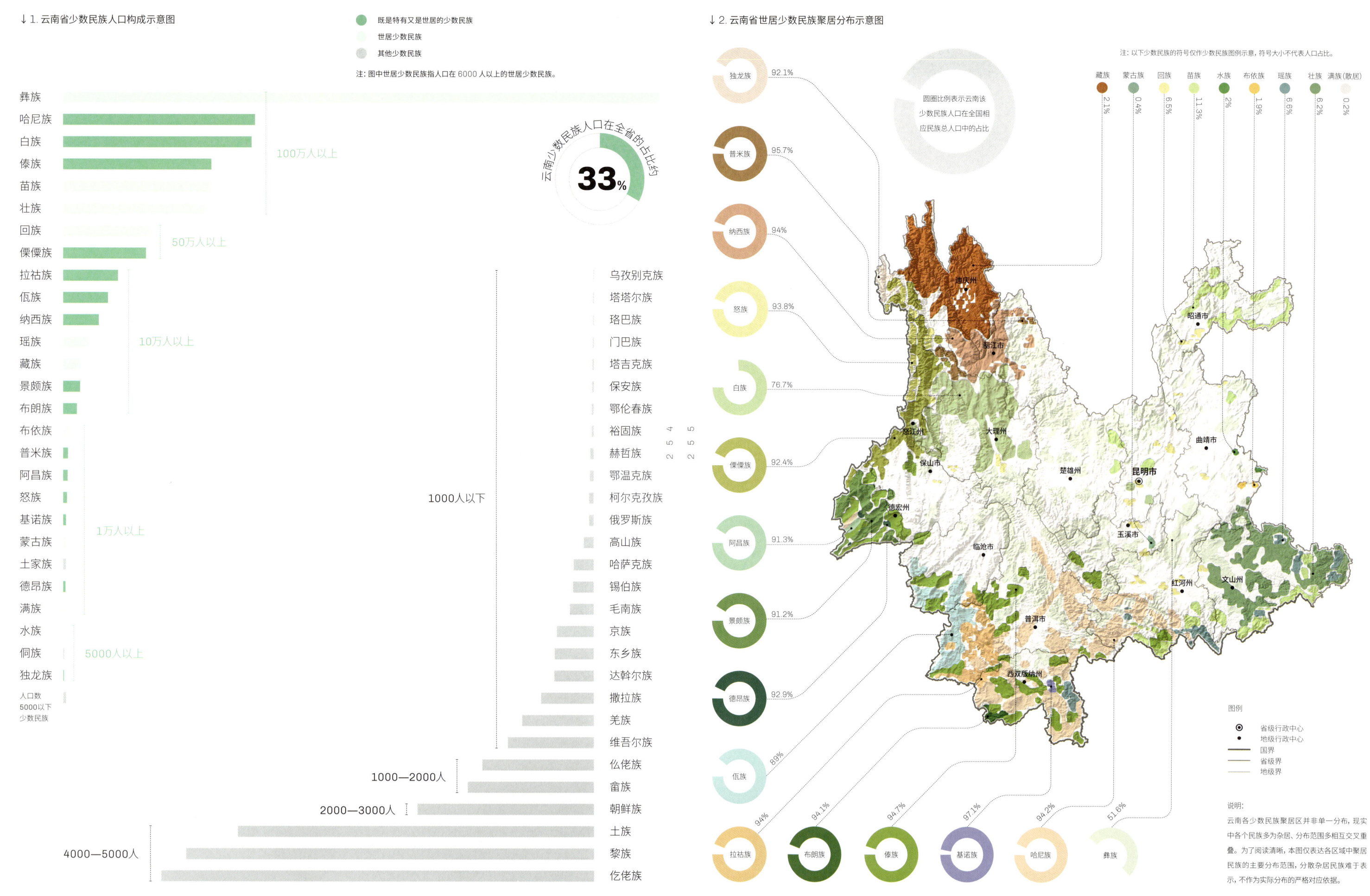

先秦时期

云南西南部广袤的山地

是孟高棉语族群的家园

他们演化出今天的布朗族、德昂族、佤族[1]

↓

身着剑川白族传统服饰——衣子比甲的妇女。在剑川人的印象中，母亲就是这样的衣着打扮，一身"剑川蓝"。图片拍摄于大理白族自治州剑川县／摄影　苏金泉

↓

临沧市沧源佤族自治县翁丁佤族村寨。"翁丁"在佤语中意为"云雾缭绕的地方"，翁丁村曾是云南佤族历史文化和特色建筑保存最完整的佤族村落之一，但在2021年2月毁于一场大火／摄影　李晓萍

1.
云南沧源佤族自治县和西盟佤族自治县是佤族的主要聚居区，佤族崇尚红色和黑色，服饰颜色多以黑红为主。

在云南的东部和南部

百越族群分化融合

演化出今天的傣族[1]、壮族、布依族、水族

↑
身穿传统服饰的沧源佤族妇女 / 摄影 张书瑞

↓
在翁丁佤族村寨中,一位小朋友正在石板路上奔跑。佤族在此生活了近400年 / 摄影 樊哲

↓1
"花腰傣"女性。"花腰傣"是傣族的一个分支,因服饰中腰部彩带绚丽斑斓而得名,主要聚居在云南新平彝族傣族自治县、元江哈尼族彝族傣族自治县等地 / 摄影 饶颖

↓2
楚雄彝族自治州南华县,头戴彝族传统头饰的小女孩 / 摄影 卢文

1.
在我国,傣族主要聚居在云南省西双版纳傣族自治州、德宏傣族景颇族自治州,以及临沧市的耿马傣族佤族自治县和普洱市的孟连傣族拉祜族佤族自治县。

在云南的北部和西部

氐羌族群融合分化更加突出

他们演化出了彝族、白族、纳西族、傈僳族

以及哈尼族、景颇族、阿昌族、基诺族

还有怒族、拉祜族、独龙族 [1]

1. 云南省贡山独龙族怒族自治县是独龙族唯一的自治县,其中,处在独龙江河谷的独龙江乡又是独龙族最主要的聚居区。

↓1
身着传统服饰的彝族妇女。图片拍摄于文山壮族苗族自治州丘北县普者黑 / 摄影 杨照夫

↓2
正在制作乳扇的白族妇女。图片拍摄于大理白族自治州洱源县邓川镇 / 摄影 杨红文

↓3
丽江市彝族的一位妇女,头戴一顶醒目的帽子,这是已婚彝族妇女所戴的一种帽子,称为"哦尔"(音译)/ 摄影 李晓棠

↓4
红河哈尼族彝族自治州红河县大羊街乡的哈尼族奕车人。奕车人属于哈尼族的一个支系,服饰独特,在哈尼族中独树一帜 / 摄影 李贵云

↓5
正在编织的傈僳族妇女。图片拍摄于迪庆藏族自治州维西傈僳族自治县叶枝镇 / 摄影 万贡

↓6
文面的独龙族妇女,过去独龙族女性会在十二三岁时进行文面,独龙语称之为"巴克图"/ 摄影 刘辅伟

↓7
吹奏乐器的景颇族乐者。景颇族有本民族的音乐,多与生产、劳动、祭祀相关。图片拍摄于盈江县新城乡黑山村 / 摄影 黄正平

再加上唐代随吐蕃扩张进入云南的藏族

南宋末年及元代随着蒙古大军迁入的回族

蒙古族[1]、普米族

明清时期因王朝更迭和战乱迁入的苗族

瑶族、满族

以及历朝历代都有迁入的汉族

云南一共滋养了26个世居民族

让云南成为中国民族种类最多的省份

1. 云南玉溪市通海县兴蒙蒙古族乡,是云南唯一的蒙古族聚居乡,居住在这里的蒙古族称卡卓人。卡卓人的先人是13世纪随蒙古军队征战云南时所留下的蒙古人,云南多年的生活使得这支蒙古族的文化风俗与当地融合,形成独特的卡卓文化。

↓1
保山市施甸县的布朗族姑娘 / 摄影　张四云

↓2
生活在泸沽湖边的普米族少女 / 摄影　黄正平

↓3
转经的藏族妇女。图片拍摄于迪庆藏族自治州德钦县的曲登阁。相传曲登阁是藏传佛教的水晶神塔,也是人们转山的取钥匙之地,是朝圣卡瓦格博的第一站 / 摄影　吴朝娜

于是

当云南人说起话时

他们说的可能是汉语

藏语、彝语、哈尼语

傈僳语、拉祜语、纳西语

基诺语、卡卓语、载瓦语 [1]

阿昌语、景颇语

阿侬语 [2]、白语、普米语、独龙语

也可能是壮语、布依语、傣语、苗语

布努语、勉语 [3]

佤语、布朗语、德昂语、克木语 [4]

↓
2014年傣历新年来临之际,西双版纳傣族自治州万人齐跳傣族伞舞。伞舞是傣族的传统舞蹈,每当傣族泼水节等节庆日子来临之时,傣族人就会敲响铓锣、跳起伞舞 / 摄影 薛云

1.
载瓦语是景颇族中载瓦人使用的语言。
2.
阿侬语是怒族支系阿侬人使用的语言。
3.
布努语和勉语是瑶族里自称"布努"和"勉"的人群使用的语言。
4.
克木语是布朗族中克木人使用的语言。

当云南人谈起节日时

他们说的可能是彝族的火把节

傣族的泼水节、哈尼族的十月年

苗族的花山节、傈僳族的澡堂会

纳西族的骡马大会、拉祜族的葫芦节

佤族的新火节、怒族的仙女节

藏族的藏历年、景颇族的目瑙纵歌

↓

景颇族目瑙纵歌是景颇族最为隆重的传统民族节日活动,属于国家级非物质文化遗产。目瑙纵歌的主要活动是歌舞,"目瑙纵歌"就是欢聚歌舞的意思。在正式活动前,人们在舞场中心立起四根木柱,用来祭祀太阳、月亮和指示舞蹈路线 / 摄影 张子传

也可能是白族的三月街

独龙族的卡雀哇节

蒙古族的那达慕

基诺族的特懋克节

普米族的大过年

布朗族的关门节

壮族的三月三

布依族的六月六

回族的开斋节

瑶族的盘王节等

↓
白族霸王鞭舞。图片拍摄于大理白族自治州剑川县的沙溪镇石龙村。霸王鞭舞是一种白族民间舞蹈，又称花棍舞、金钱棍等。在白族"三月街""火把节"等节庆活动中，人们可以看到跳霸王鞭舞蹈的情景，舞者表演时会击打手中的霸王鞭／摄影　杨继培

→
在丽江古城四方街，广场上的纳西族老妈妈们穿着民族服饰在跳舞，一位可爱的小朋友也加入其中／摄影　曹维兵

2014年4月14日,西双版纳傣族自治州万人欢度泼水节。泼水节是傣族人民辞旧迎新的传统节日,在傣历新年举行 / 摄影 薛云

当云南人谈起宗教信仰时

他们说的可能是汉传佛教、藏传佛教、南传佛教

也可能是道教、伊斯兰教、基督教、天主教

以及许许多多的民间信仰

↓
大理白族自治州宾川县鸡足山金光。鸡足山是享誉东南亚和南亚的佛教圣地，从宋代起佛教便开始在此兴起 / 摄影　李政霖

↓
晨雾之中,迎来第一缕阳光的噶丹·松赞林寺。噶丹·松赞林寺位于香格里拉市,始建于清康熙年间,是云南最大的藏传佛教寺院,属于格鲁派。寺院依山而建,有"小布达拉宫"之称／摄影 李健

↓
勐焕大金塔是位于德宏傣族景颇族自治州芒市的一座佛塔,是芒市的标志性建筑之一。大金塔建于芒市孔雀湖畔的雷牙让山顶,金光灿灿,雄伟壮观／摄影　杨清舜

→
巍宝山封川塔。巍宝山位于大理白族自治州巍山彝族回族自治县,是云南最大的道教名山。图中的古塔封川塔,始建于清朝咸丰年间／摄影　熊发寿

当云南人谈起民居时

他们说的可能是白族的"三坊一照壁"

哈尼族、彝族的土掌房

景颇族、傣族的竹楼

也可能是壮族的麻栏、布依族的石头房

摩梭人的木楞房、藏族的碉房

佤族的竹木茅草房

↓

大理古城白族民居院落。青瓦、白墙、照壁、门楼是白族民居的典型特征,院落布局有"三坊一照壁""四合五天井"等形式。"三坊一照壁"大致同于中原建筑的三合院 / 摄影 张强

→1

剑川县沙溪古镇寺登街古戏台局部。这座魁星阁带戏台为前台后阁式建筑,前为戏台,后为魁星阁,结构独特,飞檐叠角,见证着历史上滇藏茶马古道上的人来人往 / 摄影 陈敬哲

→2

大理古城天主教堂正面门楼局部,门楼为白族"三滴水"式门楼,门楼檐口以"米"字形斗拱装饰 / 摄影 陈敬哲

→3

大理市喜洲镇杨品相宅门楼精致木雕。杨品相宅是座典型的白族民居,其门楼气势恢宏,串角飞檐,斗拱层叠,木雕别致精巧 / 摄影 陈敬哲

→4

丽江市玉龙雪山下的纳西族民居屋顶。屋顶翘角飞檐,可遥望玉龙雪山的主峰扇子陡 / 摄影 陈敬哲

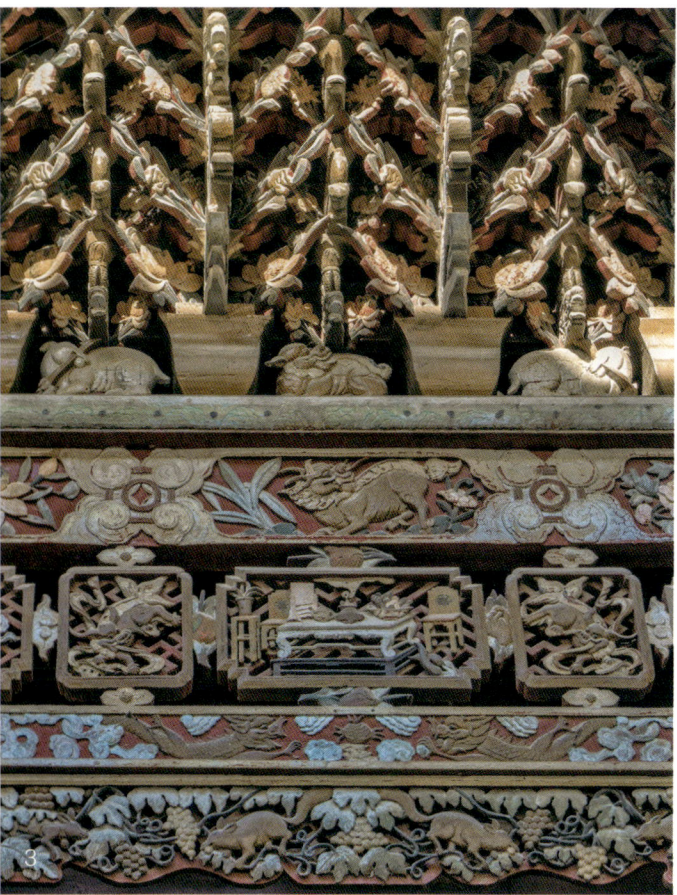

↓

被森林包围的哈尼族村寨。蘑菇房是哈尼族的传统建筑，其墙基用石料或砖块砌成，屋顶覆盖茅草，四面向下倾斜，整体形似蘑菇。现代的哈尼族房屋，依旧采用了传统的蘑菇房屋顶样式／摄影　何俊云

当云南人谈起生产方式时

他们说的可能是藏族

辗转海拔 3000—4000 米的放牧

基诺族遍布山头的茶叶种植

也可能是哈尼族超过 5000 层的梯田

拉祜族刀不离身的山地狩猎

↓

层层叠叠的元阳梯田。元阳梯田位于红河哈尼族彝族自治州元阳县，是世世代代哈尼族打造出来的山水田园。元阳梯田处在红河哈尼梯田的核心区，以规模宏大著称，往往一坡就有成千上万亩／摄影　嘉楠

→

宛若镜面的元阳梯田。晚霞洒在镜面般的梯田上，营造出童话般的世界，被镜头捕捉到的哈尼族人则是这方童话世界的主人／摄影　陈国超

当云南人谈起美食时

他们说的可能是汉族的宣威火腿

白族的诺邓火腿、乳扇

傣族的手抓饭、菠萝饭、泡鲁达

纳西族的丽江粑粑、鸡豆凉粉

藏族的酥油茶、青稞酒、糌粑

彝族的坨坨肉、烤小猪、羊肉汤锅

基诺族的糯米饭、芭蕉叶烧肉

也可能是多个民族互相影响融会

已经分不清谁是谁的鲜花饼、杷肉饵丝

烧饵块、腊排骨、大救驾、卷粉、天麻炖鸡

小锅米线、沾益辣子鸡、豌豆粉、三七炖鸡

过桥米线、建水烧豆腐、铜锅鱼

油鸡枞、稀豆粉

←1

春季的元阳哈尼梯田，勤劳的农民用稻秧将梯田染成嫩绿色 / 摄影　张洪科

←2

夏日的元阳哈尼梯田，猛长的农作物将大地织成绿毯 / 摄影　王超

←3

金秋时分的元阳哈尼梯田，大地以金黄回馈人们的劳作 / 摄影　戴云良

←4

2013 年，元阳哈尼梯田遭遇百年一遇的大雪，层层梯田银装素裹，营造出别样的景观 / 摄影　何俊云

↓1

风干中的宣威火腿 / 摄影　高博

↓2

诺邓火腿制作出的各色菜肴。云南不仅有宣威火腿，还有诺邓火腿，它产自大理白族自治州云龙县诺邓村 / 摄影　樊哲

↓3

烤乳扇。大理特色美食之一，也是乳扇的多种吃法之一 / 摄影　杨峥

↓4

晾制中的乳扇。乳扇是大理白族自治州的奶制品美食，晾晒是传统乳扇制作的最后一个环节 / 摄影　陆建树

↓5

西双版纳傣族自治州傣族烤崩 / 摄影　樊哲

↓6

昆明市宜良县猪脚米线。云南米线品种繁多，在云南可以吃到各种口味的米线 / 摄影　孙小权

↓7

西双版纳傣族自治州傣族春拌凉菜 / 摄影　樊哲

↓8

玉溪炊锅菜 / 摄影　李贞泰

↓9

喜洲粑粑。大理市喜洲镇白族的一种面食，口味有甜有咸，烤制而成。"粑粑"是云南方言，相当于"饼"的意思 / 摄影　周勃典

这就是云南

多样的民族、多样的文化

交融共存

↓
玉溪市元江哈尼族彝族傣族自治县的哈尼族举行喋奢扎（新米节）。喋奢扎是哈尼族庆祝丰收的节日，哈尼族群众以田野为舞台，载歌载舞，欢庆丰收／摄影　同尘

唐宋时期

云南以洱海为中心

先后建立了南诏和大理国地方政权

辖境远及四川、贵州

甚至东南亚部分地区

↓
澜沧拉祜族自治县新年巡街表演的少数民族群众 / 摄影　沈欣洪

↓
大理古城五华楼。五华楼始建于南诏时期，历经千年沧桑，经历过多次焚毁与重建 / 摄影　关哲
→1
春天的崇圣寺三塔与苍山。三塔位于大理古城西北，西对苍山，东邻洱海，屹立千年 / 摄影　蒋晨明
→2
冬天的崇圣寺三塔与苍山。白雪之中，三塔傲然耸立，唐代以来，历经千年风雨，见证着南诏与大理国的荣盛兴衰 / 摄影　张慧云

↓

苍山洱海之间的大理古城。大理古城始于779年南诏王迁都阳苴咩城，至今已有1200多年的历史。现存的古城是明清时期的大理古城，仍保持着明清以来的棋盘街道格局，外形方正 / 摄影　王秉瑞

随后

蒙古大军攻灭大理国

元朝在云南设立行中书省

"云南"正式成为省级行政区划名称

昆明作为云南的政治、经济、文化中心

崛起于滇池之畔

玉龙雪山下

丽江则由纳西族木氏土司世袭治理

直至清初改土归流 [1]

←

昆明位于滇池之滨。滇池周边为云南开发较早的区域,传说早在战国时期,楚国大将庄蹻就在滇池之畔建立起古滇国 / 摄影　张有林

↓

玉龙雪山与丽江古城。古城始建于宋末元初,见证了丽江木氏土司的兴衰,1997 年被列为世界文化遗产 / 摄影　林宇先

1.
清雍正年间,西南地区推行改土归流,即改土官为流官。清雍正元年(1723 年),丽江实行改土归流,朝廷委派流官任知府,降木氏土知府为没有实权的土通判,存续至清末民初。

↓
丽江古城连片的灰黑色屋瓦,古朴自然,古城民居融合了纳西族、汉族等民族的建筑风格 / 摄影 李珩

民国时期

多民族的云南成为抗战的大后方

学校、工厂大量迁入云南

各民族团结在一起共同抵御外侮

↓1
国立西南联合大学(后简称西南联大)校门旧址,位于今云南师范大学校园内。西南联大是抗战时期设于昆明的一所综合性大学,由北京大学、清华大学和南开大学3校组成。西南联大在云南的8年,创造了中国高等教育的奇迹。抗战胜利以后,西南联大解散,唯有师范学院留在昆明,成为今云南师范大学的前身 / 摄影 万瑞

↓2
西南联大蒙自分校旧址,原为清政府设置的蒙自海关及税务司署。西南联大刚到昆明时,由于校舍不够,文学院和法商学院迁到蒙自,冯友兰、朱自清、闻一多等学者曾在此讲学 / 摄影 卢文

新中国成立后

云南多样的气候和环境

让它成为世界上纬度最高的橡胶种植地

为国家提供了极为重要的战略资源

↓

满山红叶的橡胶林。图片拍摄于西双版纳傣族自治州景洪市的基诺山一带。西双版纳是我国重要的天然橡胶种植基地，云南全省橡胶年产量可占到我国年产量的一半以上。作为一种热带雨林树种，橡胶树也会落叶。每年冬季，绿色的橡胶树叶开始变色，或红，或黄，红遍一片片山坡，仿若北方秋天的红叶景观／摄影　薛云

今天

云南对多样性优势的利用更加突出

几乎可以种植所有的水果

科属约占中国水果科属的 90%

↓1
菠萝蜜是热带水果之一，在德宏傣族景颇族自治州芒市的街道上，可以见到许多菠萝蜜树，每当七八月份菠萝蜜成熟的时节，人们仿佛置身一片菠萝蜜的果园 / 摄影　杨清舜

↓2
芒果是著名的热带水果，云南是这一水果的重要产地，种植面积居全国第一，品种更是丰富多样，达到 110 余种 / 摄影　万瑞

↓3
羊奶果是一种亚热带水果，成熟后果实呈鲜红色和紫红色，果肉水分充足，味道酸甜可口，果期一般在每年的 3—4 月，在我国主要生长在云南和广西 / 摄影　万瑞

↓4
云南甜柿。相比涩柿，甜柿可直接食用。在云南，柿子广泛种植，有保山甜柿、玉溪华宁柿子、怒江兰坪柿子、文山甜柿、普洱景东柿子、昆明寻甸柿子等，已成为云南一些地区的重要水果品牌 / 摄影　万瑞

↓5
昆明的柑橘园子。在云南，柑橘是栽培面积最大的水果。由于气候的多样性，云南可实现柑橘四季生产，周年供应 / 摄影　张颖

→
保山百香果，它是当地农民增收致富的重要经济作物 / 摄影　万瑞

云南的鲜花产业约占全国 70% 的市场份额

可以为全球每人提供一枝鲜花

↓ 1、2
斗南花市不同品种的勿忘我 / 摄影　侯伟荣、杨志涛
↓ 3
斗南花市中的非洲菊 / 摄影　马多
↓ 4
斗南花市中的洋甘菊 / 摄影　杨志涛
↓ 5、6、7、8
斗南花市品种繁多的多肉 / 摄影　马多、侯伟荣、马多、杨志涛
→ 9
茶花新品种 / 摄影　杨峥
→ 10
云南花农研发的观赏高山杜鹃新品——"红粉佳人" / 摄影　杨峥

腾冲万寿菊种植园。从空中俯瞰，采摘的花农化为图中的小白点。腾冲有2万多亩万寿菊，菊花绽放不仅装点了美丽乡村，也给农民带来经济收益/摄影　徐征泽

云南的茶叶享誉全国 [1]

种植面积、总产量均位全国前列

↓

景迈山茶园。茶园位于普洱市澜沧拉祜族自治县的景迈山,千余年来,布朗族、傣族、拉祜族等少数民族的祖祖辈辈在这里开发、耕种,这里以古茶树著称 / 摄影　柴峻峰

1.
云南是普洱茶的故乡,茶叶是云南优势特色产业。2022 年,云南茶叶的种植面积和产量均居全国第一。云南的茶园主要集中在澜沧江流域的普洱市、临沧市、西双版纳傣族自治州。

编者的话

当你翻开这本画册，西双版纳雨林深处的亚洲象正踏上觅食之旅；当你开始阅读第一段文字，鸡足山金顶上的瓦片正闪耀着高原正午的灿烂阳光；当你潜心探究精美的地理制图，一片沉浮于金沙江激流的树叶正身不由己地跌落在虎跳峡巨大的落差之中；当你静心凝视"巨幕"高清图片，美丽的绿孔雀正在双柏河谷的浅滩上翩翩起舞……

就是存在这样奇妙的时空重叠，使我们树立了在互联网时代出版一本优质画册的理想，始于初心，基于纯粹。

还记得那篇刷屏的微信公众号文章《什么是云南》吗？互联网传播速度虽快，但遗忘的速度也是加倍的。在朋友圈集体刷屏狂欢后，一篇网络美文不该成为躺在"三天可见"的朋友圈里的转发记录，它值得被收藏，值得成为一份沉甸甸的礼物，值得我们一读再读，长长久久地流传。

2022年初冬，《什么是云南》以千年古老的方式回归，在纸书的载体上获得延续和新生。

什么是云南？是100年前探险家约瑟夫·洛克从泰缅边境进入中国云南时所见的"神秘仙境"？还是300多年前旅行家徐霞客穿越云岭大地流连忘返的蹚蹚足音？抑或是2000多年前楚将庄蹻入滇时建立的古滇国文明？

我们力图通过这本画册来回答这个问题。画册收录了102位摄影师的177幅摄影作品，直观呈现了云南大地的万千姿态，这些作品是解读云南最好的说明书。同时，这本画册涉及诸多云南自然地理、动植物及少数民族信息，为此我们精心制作了9张信息图表，以可视化的方式将云南的重要特点展示出来，并使之与摄影作品和谐共存。

独特的内容应该有独特的呈现方式。《什么是云南》的文字叙述更像是一首现代诗，它将云南地理上与人文上的特点归结为空间与时间的"折叠"。"折叠"也是书籍设计中最为常见的工序，一张大纸经由折叠、堆叠产生书籍。因

EDITOR'S NOTE

此，设计师用图书设计中纸张的折叠来呼应内容的折叠，折叠的形式是这本画册的亮点之一。

此外，折叠延伸了纸张的幅面，可以在更大的尺寸上去展现那些精美的摄影作品，让画册的主角得到最大呈现，能分毫毕现，也能壮丽恢宏，给读者以观看巨幕电影般的沉浸享受。在图文关系上，正文文字放在折叠页的外层，图片放在里层，图文互不干扰，各得其所。这就好比戏剧舞台表演中"报幕"与"演员"的关系。在这本画册里，文字是报幕，图片就是演员，演员经过报幕的引导，然后在舞台上大放光彩。

在这本画册里，还有给"演员"烘托氛围的"背景音"。我们选取了 10 段来自云岭大地的白噪音，有高黎贡山的猎猎山风，有澜沧江的奔涌激流，有村寨里的深情吟唱，有热带雨林里的聒噪……读者通过扫描画册中相应页面上的二维码，就可以沉浸感受音符与画面的交相呼应，立体感受云南。因此，这是一本可看的画册，也是一本可听的画册。

纸书的魅力便是能够让人从琐碎生活中获取片刻安宁，感受真实。绝美的风景汇编为画册，以书为友，读懂云岭大地的亘古与巨变、隆起和沉淀。打开那些令人赞叹不已的大幅画面，想象每个景观背后可以抵达的烟火人间与惊艳。我们希望亲爱的读者朋友们由此感受万物向上生长的坚韧力量，从而激发突破困境的无畏勇气。

这本画册经过作者方、设计师和出版团队逾三年的打磨，一遍遍选图，一遍遍调整文字，一遍遍设计，一遍遍打样——历次制作的样书摆起来高达一米左右，不断推翻，不断重来，共同将所有的心血和手艺都倾注在这本画册里。

谨以此书，献给所有喜爱云南的人们！

CONTENTS

编者的话 001
01　引子 004
02　空间折叠 048
03　时间折叠 172
04　云南人 252
参考文献 389

云南的水电装机容量超过 8200 万千瓦 [1]

规模居全国第二

中老铁路承载着翻山越岭的友谊

全长 1035 千米

从昆明出发

坐着火车去老挝

约 10 个小时便可抵达万象

←

白鹤滩水电站，位于云南巧家县与四川宁南县之间的金沙江干流上。它的装机容量仅次于三峡水电站，是我国第二大水电站／摄影　张磊

↓

中老铁路元江特大桥。中老铁路北起中国的云南昆明，南至老挝的首都万象，跨越千山万水，在中国和东盟间构建起一条便捷、快速的国际物流通道／摄影　李昌华

1.
据"云南网"报道，截至 2023 年 7 月，云南的水电装机容量达 8202 万千瓦。

就这样

从山川到江河

从动物到植物

从民族到产业

云南集中如此多样的元素

诞生如此多元的文化

创造如此多彩的人间

↓
巴拉格宗景区内的峡谷与高山。巴拉格宗位于迪庆藏族自治州香格里拉市西北部,地处滇、川、藏交界处。它位于香格里拉的最深处,旅游资源丰富,有着佛塔一般的香巴拉雪山、宁静的村庄,还有峡谷、森林、高山湖泊景观,是人们争相踏访的世外桃源 / 摄影　柴峻峰

↓
鹤舞高原。大山包黑颈鹤国家级自然保护区位于昭通市，这里是我国目前黑颈鹤单位面积数量分布最多的保护区。每年冬季，大量黑颈鹤在此越冬 / 摄影　柴峻峰

这就是彩云之南

一场时空大折叠的创造

一片汇聚万千色彩的土地

→
云南昭通上空的七彩祥云。云中有丰富的小水滴,光线经过液滴后衍射,太阳光谱分离,形成七彩光芒 / 摄影 嘉楠

参考文献

[1] 云南省地方志编纂委员会．云南省志 水利志 [M]．昆明：云南人民出版社，1998．

[2] 王声跃．云南地理 [M]．昆明：云南民族出版社，2002．

[3] 高昆谊，朱慧贤．云南生物地理 [M]．昆明：云南科技出版社，2008．

[4] 陆孝平．中国主要江河水系要览 [M]．北京：中国水利水电出版社，2010．

[5] 杜秀荣，唐建军．中国地图集 [M]．北京：中国地图出版社，2011．

[6] 范毅，周敏．世界地图集 [M]．北京：中国地图出版社，2011．

[7] 刘昌明．中国水文地理 [M]．北京：科学出版社，2014．

[8] 明庆忠，童绍玉．云南地理 [M]．北京：北京师范大学出版社，2016．

[9] 王文光，尤伟琼，张媚玲．云南民族的历史与文化概要 [M]．昆明：云南大学出版社，2016．

[10] 朱映占，曾亮，陈燕．云南民族通史 [M]．昆明：云南大学出版社，2016．

[11] 高正文，孙航．云南省生物物种名录：2016 版 [M]．昆明：云南科技出版社，2017．

[12] 高正文，孙航．云南省生物物种红色名录 [M]．昆明：云南科技出版社，2021．

[13] 叶文．云南风景地理 [M]．北京：科学出版社，2017．

[14] 云南省统计局．云南统计年鉴 2018：汉英对照 [M]．北京：中国统计出版社，2018．

[15] 国务院第七次全国人口普查领导小组办公室．中国人口普查年鉴 2020[M/OL]．(2022-04-01)．
http://www.stats.gov.cn/tjsj/pcsj/rkpc/7rp/indexch.htm．

[16] 吕望舒．生态环境部和中科院联合发布《中国生物多样性红色名录》[N/OL]．(2018-05-23)．
https://www.mee.gov.cn/ywdt/hjywnews/201805/t20180523_441071.shtml．

[17] 倪思洁．《中国灵长类动物濒危状况评估报告 2022》发布 [N/OL]．中国科学报，2022-09-08．
https://paper.sciencenet.cn/sbhtmlnews/2022/9/371145.shtm?id=371145．

[18] 邓军，王庆飞，李龚健．复合造山和复合成矿系统：三江特提斯例析 [J]．岩石学报，2016，32(8):2225-2247．

[19] 丁林，Satybaev MAKSATBEK，等．印度与欧亚大陆初始碰撞时限、封闭方式和过程 [J]．中国科学：地球科学，2017，47(3):293-309．

[20] Scotese, Christopher R.. An Atlas of Phanerozoic Paleogeographic Maps:
The Seas Come In and the Seas Go Out[J]. Annual Review of Earth and Planetary Sciences, 2021,49:679-728.

[21] 云南省民族宗教事务委员会．关于人口在 6000 人以上的世居少数民族等相关情况 [EB/OL]．(2021-02-02)．
https://mzzj.yn.gov.cn/gzcy/tsjy/202102/t20210202_71971.html．

[22] 云南省林业和草原局．云南省分布的国家重点保护陆生野生动物名录调整情况解读 [EB/OL]．(2021-03-31)．
http://lcj.yn.gov.cn/html/2021/zcjd_0331/61890.html．

[23] 云南省林业和草原局．云南省分布的国家重点保护野生植物名录调整情况解读 [EB/OL]．(2022-01-27)．
http://lcj.yn.gov.cn/html/2022/zdlyxxgkqt_0127/65238.html．

[24] 生态环境部，中国科学院．《中国生物多样性红色名录—大型真菌卷》评估报告 [R/OL]．(2018-05-17)．
https://www.mee.gov.cn/xxgk2018/xxgk/xxgk01/201805/W020180926382629921552.pdf．

[25] 生态环境部，中国科学院．中国生物多样性红色名录—大型真菌卷 [R/OL]．(2018-05-17)．
https://www.mee.gov.cn/xxgk2018/xxgk/xxgk01/201805/W020180926382630924936.pdf．

[26] 云南省茶叶产业工作组，云南省茶叶产业专家组．2021 年度云南省茶叶产业发展报告 [R/OL]．(2022-08-11)．
https://nync.yn.gov.cn/uploadfile/s38/2022/0811/20220811110043249.pdf．

[27] 云南省花卉产业工作组，云南省花卉产业专家组．2021 年度云南省花卉产业发展报告 [R/OL]，(2022-07-29)．
https://nync.yn.gov.cn/uploadfile/s38/2022/0811/20220811110218429.pdf．

[28] 云南省水果产业工作组，云南省水果产业专家组．2021 年度云南省水果产业发展报告 [R/OL]．(2022-08-11)．
https://nync.yn.gov.cn/uploadfile/s38/2022/0811/20220811110441904.pdf．

[29] Michael Hoffman, et al. Biodiversity Hotspots (version 2016.1) [DS/OL]. (2016-04-25). https://doi.org/10.5281/zenodo.3261807.

图书在版编目（CIP）数据

什么是云南 / 云南省地方志编纂委员会办公室，星球研究所著. -- 昆明：云南教育出版社，2022.10（2023.2 重印）
ISBN 978-7-5599-2369-1

Ⅰ.①什… Ⅱ.①云… ②星… Ⅲ.①地理－云南－通俗读物 Ⅳ.
①K927.4-49

中国版本图书馆CIP数据核字(2021)第272375号

音频导演：关　欣
拟 音 师：汪富礼
后期剪辑：李瑞峰
后期制作：施　顺
音频制作：云南清影文化传播有限公司

什么是云南
SHENME SHI YUNNAN

云南省地方志编纂委员会办公室　星球研究所　著

出 版 人：胡　平
项目策划：杨　峻　徐梓涵　张靖雨　邹　滢
项目统筹：杨　峻
责任编辑：邹　旋　计文婷　许国骏　赵怡欣
　　　　　张　钰　杨　雪　赵明珍　唐诗奇
特邀编辑：戴　江
书籍设计：白凤鹍
责任印制：张　旸　赵宏斌
出版发行：云南教育出版社
特邀宣发：文轩网
邮政编码：650034
网　　址：www.yneph.com
开　　本：889毫米×1194毫米　1/16
印　　张：25
字　　数：250千字
版　　次：2022年11月第1版
印　　次：2023年2月第2次印刷
印　　刷：北京富诚彩色印刷有限公司
书　　号：ISBN 978-7-5599-2369-1
审 图 号：云S（2022）21号
定　　价：198.00元